SOCIÉTÉ D'ÉCONOMIE SOCIALE

Prix Audéoud (Acad. des Sc. mor. et polit.) Grand prix (Exp. univ. 1889)

Séance du 17 décembre 1894

LA LOI
SUR LES CAISSES DE RETRAITE

DES

OUVRIERS MINEURS

RAPPORT PRÉSENTÉ

PAR

M. E. GRUNER

Ingénieur civil des Mines
Secrétaire du Comité central des Houillères de France

SUIVI DES OBSERVATIONS DE

M. DARCY, Président du Comité central des Houillères de France
M. LEDOUX, Ingénieur en chef des mines.

(EXTRAIT DE *LA RÉFORME SOCIALE*)

PARIS

SECRÉTARIAT DE LA	COMITÉ CENTRAL
SOCIÉTÉ D'ÉCONOMIE SOCIALE	**DES HOUILLÈRES DE FRANCE**
54, RUE DE SEINE, 54	3, RUE SCRIBE, 3

1895

SOCIÉTÉ INTERNATIONALE D'ÉCONOMIE SOCIALE

La Société, fondée par Le Play, s'est constituée le 27 novembre 1856, pour remplir le vœu exprimé par l'Académie des sciences, en couronnant l'ouvrage intitulé les *Ouvriers européens*. Elle applique à l'étude comparée des diverses constitutions sociales la méthode d'observation, dite des monographies des familles. Elle reproduit les monographies les plus remarquables dans le recueil intitulé les *Ouvriers des deux mondes*, et publie le compte rendu *in extenso* de ses séances dans la *Réforme sociale*, bulletin de la Société d'économie sociale et des Unions.

La *Société d'Économie sociale* se compose de *Membres honoraires* versant une cotisation de 100 francs par an, au minimum, et de *Membres titulaires* payant 25 francs. L'un et l'autre de ces deux prix donnent droit à recevoir la *Réforme sociale*, qui est adressée à tous les Membres deux fois par mois, le 1ᵉʳ et le 16 ; et les *Ouvriers des deux mondes* qui paraissent par fascicules trimestriels.

LES UNIONS DE LA PAIX SOCIALE

Les *Unions* ont pour but de propager et de mettre en pratique les doctrines de l'*École de la paix sociale*. Elle sont réparties par petits groupes en France et à l'étranger. Leur action s'exerce par l'intermédiaire de CORRESPONDANTS locaux.

Les membres sont invités à transmettre au secrétariat général les faits qu'ils ont pu observer autour d'eux, ou les renseignements qui sont parvenus à leur connaissance. Ces communications sont, suivant leur importance, mentionnées ou reproduites dans la *Réforme sociale*.

Les *Unions* se composent de membres *associés* et de membres *titulaires*. Les membres *associés* versent une cotisation annuelle de 15 francs (France et étranger) qui leur donne droit à recevoir deux fois par mois la *Réforme sociale*, bulletin de la *Société* et des *Unions*. Les *membres titulaires* concourent plus intimement aux travaux qui servent de base à la doctrine des *Unions* ; ils payent, outre la cotisation annuelle, un droit d'entrée de 10 francs au moment de leur admission, et reçoivent, en retour, pour une *valeur égale* d'ouvrages choisis dans la *Bibliothèque de la paix sociale* et livrés au prix de revient.

Pour être admis dans les *Unions de la paix sociale*, il faut être présenté par un membre, ou adresser directement une demande d'admission au Secrétaire général, rue de Seine, 54, à Paris. — Les noms des membres nouvellement admis sont publiés dans la *Réforme sociale*.

LA RÉFORME SOCIALE

Bulletin de la Société d'Économie Sociale
et des Unions de la Paix Sociale.

Les personnes étrangères aux deux Sociétés peuvent s'abonner aux conditions suivantes :

FRANCE : UN AN 20 fr. ; SIX MOIS 11 fr. | EUROPE : UN AN 25 fr. ; SIX MOIS 14 fr

Hors d'Europe : le port en sus.

Les abonnements partent du 1ᵉʳ de chaque mois.

CHAQUE LIVRAISON : 1 FRANC

RÉUNION MENSUELLE DU GROUPE DE PARIS

Séance du 17 décembre 1894.

LA LOI SUR LES CAISSES DE RETRAITES DES OUVRIERS MINEURS

Après l'analyse de la correspondance des Unions par M. le Secrétaire général, M. ALBERT GIGOT, président, donne la parole à M. GRUNER, secrétaire du comité central des Houillères de France, sur la loi du 29 juin 1894 portant modification des caisses de secours et de retraites des ouvriers mineurs.

M. GRUNER. — La Société d'Économie sociale suit avec le plus grand soin, dans chacune de ses manifestations, l'intervention de l'État dans les rapports entre patrons et ouvriers ; elle ne pouvait rester indifférente à cette loi nouvelle qui a une grande importance puisqu'elle marque le premier pas dans la voie de *l'assurance obligatoire.*

L'application à l'ensemble des industries de cette politique nouvelle a causé de légitimes appréhensions à l'une au moins des Chambres de notre Parlement; mais sa prudente réserve a fléchi quand une industrie seule s'est trouvée en question. Une pareille législation trouverait-elle donc — quand il s'agit d'ouvriers mineurs — sa justification dans les origines de la propriété minière ? Un rapide coup d'œil permettra d'établir qu'il n'en est rien.

Les mines sont une propriété perpétuelle, disponible et transmissible comme tous autres biens. (Loi de 1810, art. 7.)

Le titre de propriété, connu sous le nom d'Acte de concession, règle les rapports du nouveau propriétaire aussi bien avec les propriétaires voisins de la surface qu'avec ceux des autres biens miniers déjà constitués ; il spécifie les règles auxquelles doit être tenu l'exploitant, qu'il s'agisse de la sécurité des travailleurs, ou du respect des convenances des propriétaires de la surface ; il précise les charges que l'exploitant doit faire entrer en ligne de compte dans l'établissement de ses prévisions.

Aucun article de la loi de 1810 ne règle les relations économiques entre l'exploitant et ses ouvriers; le propriétaire minier peut donc aussi librement que tout autre propriétaire, fixer les conditions de travail et de salaire auxquelles devront se soumettre les ouvriers qui demandent à être occupés au fond ou au jour. Seules les conditions de sécurité sont prévues par la loi : « Si l'exploitation compromet la santé des ouvriers mineurs, il y sera pourvu par le préfet », dit l'article 50 de la loi de 1810. Se basant sur ce droit, et à la suite de certains accidents graves survenus dans les départements qui depuis ont formé la Belgique, le décret-loi du 3 janvier 1813 spécifie, dans son article 15, que « les exploitants seront tenus d'entretenir sur leurs établissements, dans la proportion du nombre des ouvriers et de l'étendue de l'exploitation, les médicaments et les moyens de secours qui leur seront indiqués par le Ministère »; et dans son article 16, que « le Ministre indiquera celles des exploitations qui, par leur importance et le nombre des ouvriers qu'elles emploient, devront avoir et entretenir à leurs frais un chirurgien spécialement attaché au service de l'établissement. Un seul chirurgien pourra être attaché à plusieurs établissements à la fois. »

Jusqu'à la loi du 29 juin 1894, ce décret était le seul acte public qui imposât aux exploitants des devoirs spéciaux vis-à-vis de leurs ouvriers. Ces devoirs consistaient seulement à tenir à la disposition des blessés un chirurgien et des médicaments. Il n'est question ni de secours en cas de maladie, ni d'indemnité de chômage, ni de pensions. Mais il n'est presque aucun exploitant qui dès longtemps, de sa libre initiative, poussé par cette confraternité qui lie intimement tous ceux qui concourent à cette lutte souterraine de tous les jours contre les dangers de la mine, n'ait fait beaucoup plus.

Il n'est aucune exploitation de quelque importance où nous ne trouvions, il y a déjà plus de quarante, cinquante et même quatre-vingts ans, des sociétés de secours ou de prévoyance organisées et subventionnées par les patrons pour soutenir pécuniairement ou par des secours équivalents, le blessé et sa famille pendant le temps où le salaire est suspendu.

On eût bien étonné nos devanciers si on leur eût parlé science et calcul à propos de ces créations que leur inspirait leur amour pour leurs collaborateurs malheureux. Nulle science sociale n'existait alors ; le mot *actuaire* n'était sans doute pas inventé ; en tous cas, le bagage scientifique de celui qui eût pris ce titre eût été bien faible et criticable.

Le 26 mai 1813, un décret impérial autorisait la formation, à Liège, d'une société de prévoyance en faveur des ouvriers houilleurs du département de l'Ourte. Cette société était entièrement due à l'initiative privée ; la participation des ouvriers était volontaire, car ils sont *admis à faire partie de cette Société s'ils consentent une retenue de 2 % sur leur salaire.* Ce décret, rendu en pleine période impériale, signé par celui même qui a laissé sur la loi des mines une si puissante empreinte, *ne prescrit rien*, il ne fait *qu'autoriser.*

Le 25 juin 1817, une ordonnance royale est rendue pour *déterminer et régulariser le concours de volontés et d'efforts* qui seul peut amener la fondation dans le bassin de Rive-de-Gier d'un établissement de bienfaisance. Le roi subventionne cet établissement en lui attribuant une partie du produit des redevances, mais *il n'impose aucune charge* ni aux ouvriers, ni aux exploitants, qui pourront se faire inscrire librement sur un registre ouvert à cet effet.

La situation est donc parfaitement nette : tout ce que les exploitants ont fait pour leurs ouvriers — depuis ces créations primitives de Liège et de Rive-de-Gier, — ils ont continué à le faire librement, mus par un libre sentiment de généreuse confraternité.

En l'absence d'expériences anciennes, — à une époque où l'intérêt de l'argent était élevé, ne l'oublions pas, car ce point est essentiel, — les exploitants ont rédigé des statuts le plus souvent assez vagues, qui donnaient une large part à l'initiative d'un conseil où le patron se réservait prudemment la majorité.

Comment l'exploitant eût-il pu parler et agir autrement quand il s'avançait sur un terrain inconnu? Il procédait par voie expérimentale. Pour les secours journaliers, l'engagement n'étant que d'une durée limitée, pouvait être ferme ; on pouvait encore définir, sans trop de danger, la quotité de la pension à accorder aux orphelins et aux veuves des ouvriers tués, vu le petit nombre des cas à prévoir. Mais les conséquences des promesses faites en vue des retraites étaient trop graves pour qu'aucun exploitant se risquât à faire des promesses fermes. Tous, ou presque tous, se sont prudemment contentés d'indiquer la *possibilité* d'accorder des pensions à des ouvriers devenus complètement invalides après avoir consacré toute leur vie à une même exploitation.

Ce que seraient les charges résultant de pensions de retraites paraissait un problème insoluble à une époque où l'industrie naissait à peine, où l'intérêt de l'argent subissait de brusques soubresauts sous l'action de causes tantôt politiques tantôt économiques. On ne peut donc qu'admirer la prudence de nos anciens qui, entre 1845 et 1860, rédigèrent beaucoup des statuts primitifs des caisses de prévoyance actuelles. Ils ont eu quelque mérite à se tenir sur une prudente réserve à une époque où le gouvernement promulguait la loi sur les pensions civiles, et incitait par son exemple à engager l'avenir par des promesses formelles sans gager par des capitaux correspondants tous ces engagements. On sait le trou formidable creusé dans le budget par cette loi sur les pensions civiles. On sait les insuffisances sans cesse croissantes que le budget est obligé de combler pour que les anciens serviteurs de l'État puissent trouver guichet ouvert quand ils présentent leur titre de pension.

Est-ce à dire qu'avec le temps ces organisations anciennes devaient pouvoir continuer indéfiniment? Certes non. A la transformation profonde qu'ont subies les relations entre patrons et ouvriers devait nécessairement correspondre une transformation de l'organisation de la prévoyance. Jadis, au temps de la création des caisses, le régime patronal exerçait une action profonde; les moyens de communication étant rares et lents, les travailleurs restaient liés à l'entreprise auprès de laquelle ils avaient grandi. Une faible pension suffisait pour faire vivre, dans une aisance relative, ceux dont les fils et les gendres avaient pris la place au chantier. Peu à peu la grande industrie s'est créée; des besoins subits ont attiré sur un même point des milliers d'ouvriers, qu'une crise laisse sans travail et oblige à se disperser. Les fils quittent le foyer et le vieux père reste souvent seul et sans soutien. Pour beaucoup — mais non pourtant pour un aussi grand nombre qu'on voudrait le dire, — la vie est une continue émigration d'un chantier à l'autre.

A une époque où tout se mobilise, il a aussi fallu mobiliser les retraites; il a fallu une organisation qui permît à l'ouvrier d'emporter avec lui, au cours de ses migrations, sa part de droits éventuels, en même temps que son salaire journalier.

Certains exploitants frappés de cette évolution ont, non sans sagesse, aussitôt pris leur parti : ils ont, il y a 8 ou 10 ans, transformé leur organisation. C'est ainsi que nous avons vu les Compagnies d'Anzin, de Ronchamp, de Bessèges, et d'autres encore, séparer nettement le service des accidents, celui des maladies et celui des retraites. Assumant entièrement la responsabilité du service des accidents, ils ont appelé les ouvriers à gérer par eux-mêmes celui des maladies; et pour les retraites, ils ont créé le livret individuel près la Caisse nationale. Ce qu'ils ont fait, plusieurs autres compagnies eussent vivement désiré le faire quelques années plus tard. Mais, entre temps, des propositions et projets de lois avaient été discutés devant les Chambres : de sorte que la question n'étant plus entière, on ne put faire autrement que d'attendre.

La loi du 29 juin 1894, à laquelle il convient de joindre la loi rectificative promulguée le 19 décembre, est venue mettre fin à cette attente. Elle sanctionne cette tendance nouvelle de l'ouvrier qui veut être, complètement et à tout instant, indépendant de son patron, et ne rien attendre de lui qui ne soit réglé et liquidé le jour de la paie.

Cette loi est complexe par les questions diverses qu'elle règle simultanément ; **M. GRUNER** se propose d'en donner un rapide aperçu par un examen sommaire des articles.

L'idée fondamentale de la législation nouvelle est la distinction des trois services : Accidents, Maladie, Vieillesse et invalidité. Les premiers projets réglaient chacun de ces trois services; mais, tandis qu'ils passaient d'une Chambre à l'autre, un autre projet, celui relatif aux accidents du travail dans l'ensemble des industries, se discutait en même temps.

Pour éviter un double emploi ou, ce qui eût été plus probable, des solutions contradictoires édictées par des commissions différentes, le titre relatif aux accidents a été disjoint de la loi relative aux ouvriers mineurs — de sorte qu'on en est arrivé à cette solution boiteuse, d'une législation spéciale aux ouvriers mineurs pour la maladie et la vieillesse, tandis qu'une législation générale réglera la question des accidents. Les inconvénients de ce dualisme ne se sont pas fait attendre, et actuellement la commission sénatoriale chargée d'étudier le projet de loi sur les accidents du travail a quelque difficulté à trouver une formule qui règle la situation spéciale des ouvriers mineurs qui peuvent revendiquer simultanément deux séries de droits en cas d'accidents : le droit à la pension d'accidents et le droit à la pension d'invalidité.

Quoi qu'il en soit, il est bien établi, sans contestation possible, que la loi du 29 juin 1894 n'organise rien au sujet de la question des accidents ; elle suspend le fonctionnement de toutes les anciennes associations qui suivaient l'ouvrier dans toutes les crises de sa vie journalière ; elle règle le service des maladies et celui des retraites, et laisse à chaque exploitant le soin d'organiser provisoirement, comme bon lui semble, le service des accidents, en attendant qu'enfin, l'accord s'étant fait entre les deux Chambres, le projet des accidents puisse être promulgué. Pendant cette période intérimaire, — qui semble ne plus devoir être très longue : il est difficile d'en dire plus, car il est toujours imprudent d'escompter la solution d'une question comme celle-là ; — pendant cette période, les exploitants se retrouvent en face des seuls articles du décret de 1813 pour ce qui touche aux accidents.

Après cet exposé général, **M. GRUNER** en vient à la loi elle-même du 29 juin 1894.

Cette loi concerne les exploitants de mines et les ouvriers et employés de ces exploitations ; elle peut, dit l'article 31, être appliquée par décret rendu en Conseil d'État, aux exploitations de minières et carrières souterraines.

L'article 3 prévoit d'ailleurs, après autorisation du ministre des Travaux publics, l'extension de la loi aux ouvriers des industries annexes ; étant bien entendu qu'elle s'applique de plein droit aux ouvriers du jour qui sont occupés dans les opérations accessoires se rattachant légalement à l'extraction ou s'exécutant dans les locaux qui sont « dépendances légales de la mine ».

Cette loi est divisée en 4 titres et 31 articles :

Le titre Ier fixait à 6 mois le délai accordé pour opérer la réorganisation prévue aux articles suivants. Le Parlement a dû, par une loi spéciale promulguée le 19 décembre, proroger de 6 mois ce délai et, par suite, donner jusqu'au 1er juillet pour effectuer ces transformations ;

Le titre II est relatif aux pensions de retraite ;

Le titre III aux sociétés de secours ;

Et le titre IV prescrit les mesures transitoires en vue de consolider ou de transformer les droits actuels ou en cours d'acquisition.

Le titre II (articles 2 à 5 de la loi) établit l'assurance obligatoire pour la vieillesse et l'invalidité en faveur de toutes les catégories d'ouvriers désignées ci-dessus. Pour constituer cette retraite, elle demande au patron et à l'ouvrier de subir chacun une charge égale de 2 % du salaire.

La retenue de 2 % faite sur le salaire de l'ouvrier peut être — à son choix — versée soit à capital réservé, soit à capital aliéné ; mais elle est nécessairement partagée par parties égales sur la tête du mari et de la femme.

Les 2 % fournis par le patron sont nécessairement versés à capital aliéné et, comme toutes autres libéralités, ils sont, en vertu de la loi de 1886, inscrits soit uniquement sur la tête du mari, soit sur les têtes des deux conjoints.

L'entrée en jouissance de la pension est fixée au plus tôt à 55 ans, pour l'homme comme pour la femme ; de telle sorte que la différence d'âge entre l'homme et la femme étant le plus souvent de 4 à 5 ans, ce ne sera que quand l'homme ayant déjà 59 ou 60 ans, sa femme atteindra 55 ans, que le couple se trouvera entrer en jouissance de la pension entière. La mort de la femme privera d'ailleurs l'ouvrier d'une partie de sa pension, partie plus ou moins forte suivant que l'exploitant aura ou non fait ses versements sur les deux têtes.

En admettant que l'ouvrier opte pour le versement à capital aliéné des retenues faites sur son salaire, et qu'il reste célibataire toute sa vie, la pension obtenue par une retenue commencée à l'âge de 16 ans et continuée jusqu'à 55 ans, sans autre interruption que celle provenant du service militaire, donne, en basant les calculs sur le salaire moyen de l'ouvrier mineur à divers âges, une pension de 393 fr. 40 à l'âge de 55 ans. C'est là le maximum auquel il puisse prétendre, car souvent il aura eu, au cours de sa vie, soit des périodes de chômage, soit des interruptions de travail par suite de maladies ou d'accidents, interruptions pendant lesquelles les versements pour la retraite seront sinon suspendus, du moins réduits.

Si l'ouvrier se marie, à partir de ce moment, la retenue faite sur son salaire est inscrite moitié sur sa tête, moitié sur la tête de sa femme.

Dans ces conditions, quand l'homme atteindra 55 ans, il touchera la pension correspondant aux 3/4 de la retenue (295 fr. 05) et ce n'est que quand la femme atteindra à son tour 55 ans, que par la jouissance à laquelle elle aura droit, d'une pension de 98 fr. 35, le ménage jouira de la pension totale.

Que l'ouvrier perde sa femme, avant qu'elle ait atteint cet âge, il ne jouira jamais que de la pension réduite; et il sera ramené aussi à cette pension par la perte de sa femme.

Cette pension, très voisine de 400 francs, est après tout assez avantageuse; mais que l'ouvrier ne s'engage à la mine qu'à 25 ans, il ne pourra déjà plus prétendre qu'à 284 francs de pension au maximum; et s'il entre à 30 ans, il n'aura, le jour où l'âge de la retraite sonnera, que 225 francs. Un ouvrier qui entre au service d'une exploitation minière à l'âge de 40 ans, n'arrive même pas à 90 francs de pension après 15 ans de service.

Si les calculs étaient faits à capital réservé pour la part retenue sur le salaire de l'ouvrier, toutes ces pensions subiraient de fortes réductions. La réduction du fait de la réserve du capital est surtout considérable pour les assurés d'un certain âge; ainsi un jeune ouvrier qui dès l'âge de 12 ans conclurait une assurance recevrait 5 fois 1/4 sa mise s'il opérait à capital aliéné, et 4 fois sa mise à capital réservé; tandis qu'un homme de 40 ans, qui obtient encore 1 fois 2/3 sa mise par une opération à capital aliéné, n'obtient plus qu'une fois sa mise à capital réservé. On le voit, l'opération à capital réservé ne paraît devoir être recommandée qu'à ceux qui versent très jeunes leur première prime d'assurance; et encore faut-il toujours leur faire bien comprendre le sacrifice personnel considérable qu'ils font en faveur de leurs héritiers.

Une instruction des plus minutieuses en 136 articles, accompagnée de 14 modèles à remplir, vient d'être publiée par la Caisse des dépôts et consignations. La mise en train de ce service des retraites qui entraînera la créa tion à date fixe de plus de 100,000 livrets et l'organisation de tout un personnel nouveau tant à la Caisse nationale qu'auprès des receveurs particuliers des arrondissements miniers, ne se produira sans doute pas sans quelques difficultés. Qu'il nous suffise par exemple de citer l'obligation pour les exploitants de se procurer les actes de naissance de tous leurs ouvriers de moins de 55 ans et de la femme de chacun; puis l'obligation de suivre toutes les mutations dans la famille, mariages, décès de la femme, divorce, séparation, absence de plus d'un an, etc., pour en fournir aussitôt la justification à la Caisse des dépôts et consignations.

Pour les ouvriers étrangers, les formalités seront plus compliquées encore puisque chaque acte devra être accompagné d'une traduction légalisée, et qu'il faudra produire en plus une pièce constatant que la déclaration de résidence a été faite en temps voulu.

Chaque mois, les 4 % du salaire seront inscrits sur un bordereau spécial; tous les trois mois, au bordereau mensuel sera joint un bordereau trimestriel et ces divers bordereaux seront remis avec les sommes correspondantes soit à la caisse centrale de Paris, soit à la caisse du receveur général ou particulier. C'est seulement dans des cas exceptionnels que les autres agents financiers de perception pourront être autorisés à recevoir ces versements.

En même temps que ces bordereaux, l'exploitant devra remettre tout le paquet de livrets de son personnel. Ces livrets ne feront pas nécessairement tous les trois mois le voyage de Paris ; mais les bordereaux feront ce voyage, aller et retour.

Le montant des sommes versées sera, avant le départ des bordereaux pour Paris, inscrit sur le livret ; le montant de la pension correspondante sera calculé à Paris, et ne sera inscrit qu'à partir du dixième jour du troisième mois. Ainsi, chaque livret devra être remis au receveur en même temps que le bordereau trimestriel et restera à ce moment 15 jours chez le receveur. L'exploitant pourra au bout de ce temps le faire revenir. Mais il devra le rendre de nouveau au commencement du troisième mois pour l'inscription de la rente.

On voit, d'après ce court exposé, combien peu de temps les livrets resteront à la disposition de leurs titulaires ; et surtout on peut se demander comment ces livrets suivront les ouvriers nomades au cours de leurs pérégrinations.

La solution allemande du timbre-assurance et de la carte, que le patron garde toujours et peut rendre à l'ouvrier le jour même où il se fait régler, semble singulièrement plus pratique, — et on peut se demander ce qu'il adviendra au bout de peu de temps de ces milliers de livrets qui suivront péniblement, à trois mois de date, les ouvriers qui auront changé de résidence.

M. GRUNER passe ensuite à l'examen du titre III de la loi, celui relatif aux *Sociétés de secours*.

Après l'assurance obligatoire contre la vieillesse, c'est l'assurance obligatoire contre la maladie.

Les articles 6 à 20 traitent de l'organisation de ces caisses dont le fonctionnement est nettement délimité, tant au point de vue des admissions des membres, que de la nature des secours à concéder, et que de l'administration. Les recettes ne peuvent dépasser 3 % du salaire, dont le tiers à fournir par le patron. Le tiers des membres du conseil sera aussi réservé à la nomination de l'exploitant. Il paraît désirable que partout les exploitants, usant de ce droit, se fassent représenter ; car au cours de ces réunions, où patrons et ouvriers s'assoient les uns à côté des autres, bien des préjugés tombent, bien des difficultés s'aplanissent.

Le Conseil, dont les conditions d'élection sont nettement réglées par la loi, est appelé à rédiger des statuts, qui d'ailleurs ne sont applicables qu'après approbation du Ministère des travaux publics.

La loi interdit à ces caisses de secours de s'occuper de personnes n'ayant pas été membres adhérents ; elle ne leur permet donc pas d'assumer la charge des pensions en cours ; elle ne comprend, parmi les ayants droit aux secours, que les malades et non les blessés ; elle règle avec précision la nomination des gérants de la caisse, et, en les rendant responsables de cette gestion, elle entend nécessairement leur imposer la responsabilité du choix des médecins et du contrôle des malades.

La rédaction des statuts dont les conseils élus ont à se préoccuper est une questions d'une certaine importance. La rédaction des statuts types par le Comité Central des houillères a facilité, dans bien des cas, la tâche des nouveaux élus et activé beaucoup l'approbation par le Ministère.

Certains syndicats ont cherché à faire prévaloir leurs idées dans des statuts qu'ils ont fait accepter dans les districts où les élections se sont faites sous leur influence. Mais l'approbation ministérielle que le législateur avait très sagement prévue maintiendra l'unité d'application de la loi.

Le titre IV de la loi qui contient les dispositions transitoires et réglementaires, est certainement celui qui soulève les plus graves problèmes. En vertu de cette législation nouvelle, toutes les associations existantes doivent cesser de fonctionner, suivant leur mode ancien, au 1er janvier (et maintenant au 1er juillet 1895).

A partir de cette même date :

les pensions de retraite commenocront à se constituer grâce au versement prévu de 4 % ;

les secours en cas de maladie pour les malades de l'avenir seront alimentés par une retenue pouvant aller à 3 % ;

les secours en cas d'accidents seront constitués librement en attendant qu'une loi intervienne.

Quant aux malheureux que les associations anciennes faisaient vivré, grâce aux recettes annuelles complétées par les intérêts plus ou moins élevés des réserves, ils n'ont plus à compter sur ces mêmes recettes ; — et ceux auxquels leur âge ne permet plus d'espérer une retraite sérieuse par la nouvelle organisation, qu'auront-ils le jour où ils deviendront incapables de tout travail ?

Ce difficile problème a longtemps arrêté le législateur ; des solutions très diverses ont été proposées ; M. Gruner se borne à examiner celle élaborée par le Sénat et adoptée par la Chambre.

Les organisations existantes sont divisées en deux grandes catégories
Institutions patronales, Caisses mixtes.

La désignation d'*institutions patronales* comprend toutes les organisa
tions où le patron ne faisait aucun appel à la participation ouvrière.
Il avait librement promis à ses ouvriers un certain avenir ; la loi
nouvelle vient dire à ce patron : « Désormais, pour les années nouvelles de service au delà du 1er janvier 1895, il ne suffira pas de pro-
mettre certains avantages, il faudra les constituer sur livret individuel; tu verseras d'ailleurs ce que tu voudras, mais pas moins de 4 %. »
Malgré cette dépense considérable nouvelle, le législateur ajoute :
« Pour le passé, tes promesses subsistent; nous consentons à ne pas te
demander de fournir de suite le capital correspondant à tes promesses
anciennes ; nous constatons seulement quels sont ces engagements et
ces promesses, et nous te demandons de les confirmer non seulement
s'ils résultent de règlements écrits, mais même s'ils ne découlent que
d'usages. » Jusqu'ici, ce que l'exploitant avait librement accordé, il
pouvait librement le modifier; désormais il n'en est plus ainsi. Toutes
les situations anciennes sont consolidées. Dans ce cas, aucune discussion, aucun pourparler, puisqu'il n'y a aucune modification possible. Ce sont les articles 21 et 22 de la loi qui règlent cette situation.

Dans le cas où les pensions étaient alimentées partiellement par des
versements ouvriers, la question était plus complexe. Ces versements
faisaient face à la fois aux charges résultant des maladies,à celles résultant des accidents, et à celles résultant des pensions. Alors que la caisse
était récente, le personnel jeune, les recettes dépassant les dépenses,
il s'était constitué un certain capital. Le Comité, mis en présence de
situations intéressantes, avait alors prolongé la durée des secours, puis
donné des secours annuels renouvelables, puis souvent constitué de
véritables pensions, en ne pensant qu'à la somme à payer dans l'année,
persuadé que, l'année suivante, il trouverait, dans la reproduction des
mêmes excédents, les mêmes ressources pour payer ces annuités.

Il avait compté sans le législateur qui est venu arrêter à jour fixe le
fonctionnement de cette ancienne organisation et assigner une affec-
tation précise aux retenues qu'il rend obligatoires.

Ces décisions étant prises, — on en a vu la portée en analysant les
titres II et III — et se trouvant en face de droits acquis ou en cours
d'acquisition, le législateur n'a pu annuler ces droits ; il n'a osé imposer une troisième retenue obligatoire ; il s'est contenté d'inviter patrons
et ouvriers à se prononcer, dans un délai de six mois, sur les mesures à
prendre en raison des engagements précités, et sur le mode de réalisation des ressources nécessaires.

Dans chaque exploitation où existaient ces caisses mixtes, des pourparlers ont eu lieu ; ici, l'accord a été rapidement obtenu et un vote ouvrier a sanctionné les arrangements proposés ; là, faute d'accord, les deux parties se sont déclarées disposées à recourir aux bons soins d'une commission arbitrale que la loi institue et organise ; ailleurs, le recours est lui aussi rejeté par les ouvriers, car il est à remarquer que, dans aucune exploitation en France, les exploitants n'ont pris sur eux la responsabilité de rejeter le recours à l'arbitrage. — Partout, dans le Nord comme dans le Centre et le Midi, les exploitants ont donné l'exemple de la déférence au vœu du législateur et ont accepté de se présenter devant la commission arbitrale.

Cette Commission Arbitrale est composée de deux délégués, désignés par le Conseil Général des Mines : M. Linder, inspecteur général, président du Conseil Général des Mines, et M. Delafond, ingénieur en chef des mines ; deux délégués de la commission supérieure de la Caisse nationale des retraites : MM. Cuvinot, sénateur, et Audiffred, député, tous deux rapporteurs du projet de loi devant l'une et l'autre des Chambres ; deux conseillers à la Cour d'appel : MM. Pottier et Bellat, et un conseiller à la Cour des comptes : M. Duchaussoy.

D'après les termes mêmes du rapporteur du Sénat : « Cette commission n'a pas plus d'autorité que l'assemblée générale des intéressés ; elle laisse subsister tous les droits individuels sous la garantie des tribunaux ordinaires. » Ou encore, d'après le rapporteur de la Chambre : « Si les intéressés ne parvenaient pas à s'entendre sur la fixation des droits de chacun, ou sur les moyens de réaliser les ressources nécessaires aux pensions après avoir réussi à en déterminer le quantum, ils peuvent, avant de soumettre leurs différends aux tribunaux, user d'un préliminaire de conciliation. »

Cette commission a paru aussi inspirer confiance aux ouvriers — si du moins on en juge par les efforts faits par les syndicats pour amener les groupes ouvriers à se prononcer en faveur du recours ; — et pourtant, dans bien peu de cas, le recours à la commission a été décidé affirmativement.

Dans la plupart des cas, le recours à la commission arbitrale n'a pu être admis, non pas par suite d'une opposition systématique des ouvriers, mais par suite de leur abstention qui ne permettait pas d'obtenir la majorité absolue prévue par la loi. C'est ainsi qu'on a vu, dans une série d'exploitations, le recours rejeté alors que 45, 46, 47, 48 et 49 % des électeurs se déclaraient pour, et 3 à 10 % au plus se déclaraient contre.

C'est pour parer à cette situation que le législateur a modifié la loi, en substituant la majorité relative à la majorité absolue lors du vote pour le recours à cette commission.

D'ici à peu de semaines, un nouveau tour de scrutin permettra aux ouvriers de ces compagnies de se prononcer définitivement entre la commission arbitrale et le tribunal civil. Car partout où il n'aura pu s'établir d'accord, ni de gré à gré, ni devant la commission arbitrale, ce sera le tribunal qui sera appelé à statuer dans la liquidation des caisses.

Au moment d'achever le vote de la loi, les sénateurs ont eu comme un remords — et, par un article spécial, ils ont, quant à l'obligation de la retraite, rendu la liberté à tout ouvrier qui a déjà des droits en cours d'acquisition : par une déclaration faite devant le maire de sa commune, il peut se dégager de l'obligation de prendre un livret à la Caisse nationale des retraites.

L'assurance maladie reste en tout cas obligatoire pour tous.

Pour achever cette analyse, un article reste à signaler : l'article 5, qui oblige à l'avenir la constitution du capital correspondant à tout supplément de rente viagère, à toute rente temporaire, enfin à toute indemnité déterminée d'avance. Cet article est certainement inspiré par un sentiment de sage prudence ; mais on peut se demander si, à force de prudence, on n'arrivera pas à tarir à leur source les générosités patronales.

Vivant au jour le jour, sur les bénéfices résultant du travail, les industriels en attribuaient volontiers une part à leurs collaborateurs, tout en leur faisant espérer de continuer aussi longtemps que les affaires le permettraient. L'obligation de capitaliser sous forme de versement à la Caisse des Dépôts imposerait l'immobilisation de 30 fois l'allocation annuelle. Tout donne à penser que ce malencontreux et trop sage article sera entièrement prohibitif de toutes ces conventions spéciales dont tant de vieux travailleurs bénéficient actuellement.

En finissant, **M. GRUNER** ajoute quelques mots de statistique au point de vue de cette liquidation des caisses. La production houillère en France étant de 26 millions de tonnes, la loi n'apporte que de légères modifications à l'organisation des compagnies qui possèdent déjà le livret individuel à la Caisse des retraites ; ces compagnies ont une production d'environ 3 millions 1/2 de tonnes, ce qui correspond à 13 % de la production totale. La loi consolide le régime existant dans les compagnies qui ont des organisations patronales : celles-ci ont une production dépassant 6 millions de tonnes. Ainsi, pour un peu plus du tiers de la production, la loi a été d'une rapide et facile mise à exécution.

Tout autre a été la situation pour le reste des exploitations.

A une date récente, sur ces exploitations, 11 représentant 14, 1/2 de leur tonnage avaient fait accepter leurs propositions ; 4 représentant 11,5 % de leur tonnage avaient d'un commun accord soumis leur différend à la commission arbitrale (mines d'Aniche, de Carvin, de Liévin et de Saint-Eloy) ; 10 représentant 25 % de leur tonnage avaient vu les propositions rejetées soit par une majorité réelle, soit par faute d'un nombre suffisant de votants. Pour environ 7 millions 1/2 de tonnes de production, les négociations sont encore en cours.

En résumé donc, pour près de la moitié des ouvriers mineurs la situation est dès maintenant réglée; pour un quart, les négociations se continuent ; et pour le dernier quart, les différends devront être tranchés soit par la commission arbitrale, soit par les tribunaux.

M. GRUNER exprime en terminant le vœu que cette loi nouvelle, avec les lourdes charges qu'elle fait peser sur l'industrie minière française, puisse au moins avoir pour résultat de faire naître une période de concorde entre tous ceux qui collaborent sous un titre quelconque à la mise en valeur des richesses minières de la France. Il insiste sur la gravité de cette expérience ; les propositions présentées dans toutes les parties du pays prouvent que les exploitants appliquent partout la loi avec un vif désir de conciliation et sans reculer devant des sacrifices le plus souvent bien supérieurs à ceux que leur imposerait la littérale exécution de leurs anciens engagements.

M. GRUNER est heureux de constater que, sur la plus grande partie des bassins houillers, cette attitude a déjà porté ses fruits et désarmé bien des résistances ; il aime à penser qu'avec le concours des membres si distingués de la Commission Arbitrale, les dernières difficultés se dissiperont, et qu'un régime satisfaisant à tous égards succédera à cette période d'inquiétudes résultant de l'agitation fiévreuse que fait toujours naître une trop longue attente.

M. ALBERT GIGOT félicite M. Gruner de son exposé si complet et si lucide de la loi sur les caisses de retraites. La gravité de cette loi est indéniable à deux points de vue. D'abord, en ce qui concerne le régime général des mines : on a porté atteinte au principe fondamental de la loi de 1810, d'après lequel la propriété des mines est une propriété comme une autre. Le législateur d'aujourd'hui la traite comme une propriété exceptionnelle. Ce fait est gros de conséquences. .. En second lieu, la nouvelle loi est un premier pas dans la voie de la législation allemande sur les assurances obligatoires. L'expérience qu'on va tenter découragera-t-elle ou non ? L'avenir le dira ; attendons sa décision pour nous prononcerr

M. DARCY n'a rien à ajouter à l'exposé très complet du mécanisme de la loi que vient de faire M. Gruner; il se bornera à de courtes observations sur son origine, son caractère et son application.

En droit, cette loi est une anomalie ; car elle édicte des dispositions d'ordre général pour n'en faire application qu'à une catégorie limitée de citoyens. En fait, cette anomalie paraît peu justifiée ; car les libéralités patronales avaient plus d'importance et étaient assurées de plus de permanence dans l'industrie minière que dans aucune autre.

A quelles considérations faut-il donc imputer l'entreprise peu ordinaire du législateur? D'abord à l'antique équivoque créée par l'emploi du mot de concession pour qualifier la propriété minière. Le public s'imagine volontiers que cette propriété n'est qu'une ferme ; les juristes s'autorisent de son nom de baptême pour prendre avec elle des libertés ; sa modernité enfin et son titre électif ne lui donnent que le demi-crédit d'une demi-légitimité. D'autre part les socialistes voient dans l'industrie minière un jardin d'essai ou un point d'attaque avantageux ; les politiques, une matière à rançon ; les magistrats électifs, une richesse électorale imposante, et le pouvoir exécutif une fourmilière à grèves. Voilà à quelles considérations variées s'inspirent les lois présente et future sur les mines.

Au surplus, les exploitants en général n'ont aucune objection à la partie de la loi qui règle l'avenir. Elle consacre entre l'ouvrier et le patron le principe de l'union libre : si les ouvriers mieux éclairés doivent se rapprocher un jour du patron, ce sera par l'effet de leur libre raisonnement ; tout ce qui a l'aspect d'une contrainte, même indirecte, leur est suspect.

Mais pour la liquidation du passé, il y a de grosses difficultés. De peur que les caisses existantes ne deviennent insolvables le siècle prochain, la loi les met en état d'insolvabilité tout de suite. Elle prescrit d'évaluer les droits mutuels des sociétaires, et neuf fois sur dix il n'y en a pas, il n'y avait que des espérances dont la réalisation était subordonnée à la situation de l'entreprise. Elle prescrit d'imposer des contributions spéciales de liquidation, et les contribuables, la plupart jugeant que la mise demandée ne vaut pas le bénéfice attendu, refusent l'impôt ou s'y dérobent en émigrant d'une Compagnie à l'autre. Enfin, pour sortir d'embarras, on institue une commission arbitrale dont la loi a déterminé le caractère et les pouvoirs sans fixer les détails de sa compétence, et que, postérieurement au vote, le gouvernement a déclaré ne relever que de sa conscience, sous réserve que les intéressés seront libres de ne pas exécuter ses décisions.

Tout cela n'est pas très commode, et l'on pourrait se demander pourquoi les exploitants n'ont pas devancé la loi dont on les menaçait et réglé leurs affaires eux-mêmes. On peut même ajouter que les encouragements ne leur ont pas manqué ; on leur disait : « Allez de l'avant, vous aurez certainement une grève, mais vous serez soutenus si vous payez tout ce que vous ne devez pas. » Les exploitants ont trouvé qu'ils ne risquaient pas beaucoup à attendre. Tout ce qu'ils font étant prétexte aux agitateurs, ils ont préféré réserver à la loi les responsabilités qui lui appartiennent.

Du reste, dit en terminant l'orateur, si imparfaite qu'elle soit, cette loi a été très améliorée. D'abord les exploitants ont obtenu que la liquidation ne fût pas appliquée aux caisses exclusivement alimentées par les patrons : c'était de ce fait le tiers environ de l'industrie houillère qui échappait à ses obligations. Ils ont obtenu ensuite qu'en place du système de la table rase et du coup de sabre préconisé par le ministre des travaux publics d'alors, la liquidation eût pour base l'observance des contrats sous l'autorité éventuelle des tribunaux.

Deux considérations inspiraient leurs efforts. Ils ne voulaient pas, ni pour eux ni pour les autres, laisser constituer un précédent à la violation par la loi de contrats régulièrement passés. Ils voulaient que leurs obligations fussent reconnues pour ce qu'elles étaient réellement, non dans le dessein de se retrancher dans leur droit strict, car ils sont résolus à offrir plus que leur part ; mais ils tiennent à confondre les appréciations malveillantes et à avoir l'honneur de leurs sacrifices.

M. ALBERT GIGOT remercie M. Darcy, qui préside avec tant d'autorité le Comité des houillères de France, d'avoir complété par son opinion si compétente l'étude de M. Gruner. Il nous parlait de ce qui avait été fait préventivement par les patrons pour venir en aide à leurs ouvriers malades ou âgés. Peut-être M. Ledoux, qui a contribué à ce qui a été accompli à Anzin dans ce même ordre d'idées, pourait-il ajouter de précieux renseignements à ceux que nous venons d'entendre.

M. LEDOUX. — La loi du 29 juin 1894 peut être envisagée à deux points de vue, l'un moral, l'autre pratique.

Au point de vue moral, on peut dire d'elle qu'elle marque la fin d'un régime, celui du patronat.

Autrefois, sous l'inspiration des enseignements de Le Play, un grand nombre de chefs d'industrie avaient cru de leur devoir de prémunir les ouvriers et leurs familles contre les conséquences de la maladie, des accidents ou de la vieillesse. Ils avaient fondé dans ce but les institutions patronales parmi lesquelles les plus complètes avaient été celles des mineurs. Les exploitants de mines avaient d'ailleurs été poussés dans cette voie, soit par les risques plus grands de leur industrie, soit par la rareté de la main-d'œuvre sur les lieux d'exploitation et la nécessité d'attirer des ouvriers. On avait dans ces créations procédé par tâtonnements et par appropriations successives. On avait commencé par assurer les secours en cas d'accidents ; on y adjoignit ensuite les secours en cas de maladie, qui furent étendus à l'invalidité due à la vieillesse. Dans un certain nombre d'exploitations, les secours de vieillesse furent transformés en pensions de retraite. Je ne parle que pour mémoire des économats, des crèches, des écoles gratuites, des logements quasi gratuits, des constructions d'églises, etc...

La quotité des secours, leur mode de répartition, les ressources au moyen desquelles ils étaient alimentés, variaient d'ailleurs beaucoup d'une région à l'autre, suivant les conditions et les besoins très variables des populations ouvrières, tantôt purement industrielles comme dans la Loire, tantôt moitié agricoles et moitié industrielles comme dans le Tarn, dans l'Est et dans certaines parties du bassin du Nord. Tous les systèmes étaient représentés, répondant à des traditions et à des besoins différents — et ils fonctionnaient en somme à la satisfaction générale. Ils étaient d'ailleurs perfectibles et modifiables, comme toutes les choses humaines.

Mais une libre initiative de ce genre n'avait guère de chances de subsister dans un pays que domine la manie de l'uniformité et de la réglementation. D'ailleurs on touchait par là des masses électorales, importantes par leur nombre, agglomérées et que leur peu de contacts avec les populations environnantes rendaient plus faciles à entraîner. Aussi les politiciens se précipitèrent-ils sur cette proie et firent-ils de ces questions de caisses de secours et de retraite une plate-forme électorale. Ils dirent aux ouvriers : Toutes ces institutions patronales, ce n'est pas pour vous, mais contre vous qu'elles ont été faites. Elles n'ont d'autre but que de river vos chaînes ; fiez-vous à nous, donnez-nous vos voix et nous vous délivrerons ; nous ferons de vous des hommes libres. — On sait de quelle manière les syndicats entendent la liberté, non seulement de leurs adhérents, mais encore des dissidents. — Quoi qu'il en soit, la majorité des ouviers se rangea, ou du moins parut se ranger sous la bannière de leurs prétendus libérateurs ; et ceux-ci furent envoyés au parlement. De ce mouvement — plus artificiel d'ailleurs et superficiel qu'on ne le croirait au premier abord — sont nées la plupart de ces lois ou propositions de lois, dites sociales, telles que la loi sur les délégués-mineurs (qui n'est autre chose que le droit d'entrée dans la mine donné aux agents de la propagande syndicale et socialiste), la loi du 29 juin 1894 sur les caisses de secours et de retraites, la loi en préparation sur les accidents, etc...

Si nous examinons la loi sur les retraites au point de vue pratique, nous constatons tout d'abord que son application donne lieu à des difficultés très grandes.

C'est qu'en effet elle est fondée sur un principe tout différent de celui qui avait présidé à l'organisation des anciennes institutions de secours et de retraites, celui de la constitution du capital des pensions.

Jusqu'ici, toutes ces institutions, suivant en cela l'exemple de l'État, opéraient par la répartition annuelle des ressources. Qu'elles fussent alimentées par les dons seuls des Compagnies, par les ouvriers seuls, ou mi-partie par les prélèvements sur les salaires et mi-partie par les subventions des exploitants, toutes les caisses distribuaient chaque année en secours ou en pensions une somme sensiblement égale à celles qu'elles recevaient. Un capital accumulé, toujours très limité, servait pour ainsi dire de volant ou de réservoir pour combler les différences accidentelles qui pouvaient se produire entre la recette et la dépense annuelles.

Dans ce système — comme d'ailleurs cela a lieu pour les fonctionnaires civils et militaires de l'État — ceux qui sont en activité de service supportent sur leurs salaires une retenue, qui, augmentée d'une subvention plus ou moins forte du patron, pourvoit aux pensions de ceux qui sont à la retraite. Parfois même, comme à Anzin, à Blanzy, au Creusot, à Commentry, les pensions étaient à la charge de l'exploitant seul, sans aucune retenue sur les salaires.

La conséquence du système était que, pour avoir droit à la retraite, il fallait avoir accompli dans l'exploitation un nombre déterminé d'années de service, ce qui était logique, puisqu'il fallait avoir payé pendant un certain temps, pour avoir le droit de recevoir à son tour. Par suite, tout ouvrier, quittant volontairement ou involontairement son service, perdait son droit à la retraite. Dans la Loire, pourtant, les Caisses de secours et de retraites étaient communes entre les quatre grandes Compagnies du bassin, de telle sorte que les ouvriers pouvaient passer de l'une à l'autre sans perdre leurs droits.

L'inconvénient que pouvait présenter cette disposition au point de vue de la liberté réciproque des ouvriers et des patrons pouvait donc être facilement évité par une entente analogue dans chaque bassin.

Un inconvénient plus grave, c'est qu'en cas d'abandon de l'exploitation, les vieux ouvriers se voyaient privés des pensions sur lesquelles ils comptaient. Cet inconvénient était réel et il eût été facile d'y remédier par une entente analogue à celle dont je viens de parler, soit entre tous les exploitants du même bassin, soit entre ceux de plusieurs bassins voisins, soit même entre ceux de la France entière, comme je le montrerai tout à l'heure.

D'ailleurs il ne s'est manifesté qu'une seule fois ; mais cet exemple unique a eu un retentissement énorme et a été la cause déterminante du vote de la loi du 29 juin. Je veux parler de la faillite de la Compagnie de Terrenoire, La Voulte et Bessèges, compagnie surtout métallurgique, et très peu minière. Les ouvriers mineurs proprement dits qui furent privés de leur retraite par cette faillite étaient en nombre infime. Les pertes, qui furent réelles, atteignirent surtout les employés que la Compagnie aux abois avait incités à déposer leurs économies dans ses caisses, en les alléchant par un intérêt élevé.

Suivant l'habitude prise depuis quelques années en France de voter des lois spéciales provoquées par un incident particulier et inopiné de la vie sociale, les propositions de loi sur la question affluèrent — et on ne retint que celles qui s'appliquaient aux mineurs, pourtant fort peu touchés dans l'espèce.

Sous l'empire de la préoccupation de rendre les retraites des ouvriers indépendantes de la situation financière des Compagnies, et sans se rendre compte que le système de la répartition annuelle, convenablement modifié, pouvait atteindre beaucoup plus simplement ce résultat, le législateur s'inspira du principe tout nouveau de la constitution par l'ouvrier pendant sa vie active du capital représentatif de sa retraite. Ce principe répond au besoin d'économie et de prévoyance qui est au fond de toute âme française et il semble au premier abord qu'il atteigne complètement le but qu'on s'était proposé. A l'examiner de près, on voit qu'il soulève les objections les plus graves, qu'il est loin d'assurer la sécurité qu'on a cherchée, qu'il est plein de périls dans l'avenir et de difficultés dans le présent.

Dans le présent, il y a une période transitoire qu'il est bien malaisé de franchir, celle pendant laquelle il faut à la fois faire face aux engagements du passé et constituer le capital pour l'avenir, de telle sorte que la charge relative aux retraites est ainsi doublée brusquement. A qui incombe ce supplément très considérable de charges? Les ouvriers le repoussent absolument. Quelques compagnies, suffisamment prospères pour être généreuses, l'ont accepté pour elles seules. Mais beaucoup d'autres trouvent, et avec raison, le poids beaucoup trop lourd pour leurs épaules. Le système protectionniste, qui a porté une atteinte profonde à nos industries d'exportation, sans leur donner de compensation appréciable sur le marché intérieur; l'incertitude financière, politique et économique dans laquelle nous vivons, les menaces législatives de confiscation des mines, ont placé l'industrie en général et particulièrement l'industrie minière dans une situation précaire; un certain nombre d'exploitations sont hors d'état de supporter le surcroît de dépenses que leur imposerait une interprétation trop dure des engagements, souvent très vagues, qui résultent pour elles de leur participation antérieure à la distribution de secours d'invalidité ou de vieillesse. La loi a remis cette interprétation, soit aux tribunaux civils, soit à une commission arbitrale et l'on ignore encore dans quel sens la question sera jugée. La liquidation forcée du passé est grosse de dangers pour plus d'une Compagnie, — très onéreuse pour toutes. — Elle est en outre une source d'agitations pour la population ouvrière, qui le plus souvent ne comprend ni le but ni la portée des nombreux votes qu'on lui demande.

Voyons maintenant l'avenir. Il ne faut jamais perdre de vue, quand on traite ces questions de constitution du capital de rentes viagères pour les ouvriers, que les mesures prises aujourd'hui n'auront leur plein effet que dans quarante ans, puisque le jeune mineur entre dans les travaux vers quinze ans et doit prendre sa retraite à cinquante-cinq ans. D'un autre côté, la loi du 29 juin stipule que la constitution du capital représentatif de la rente viagère sera faite par les soins de la Caisse nationale des Retraites. Un livret individuel est remis à chaque ouvrier ; on y inscrit au fur et à mesure chacun des versements effectués à son nom — et, en regard, on indique le chiffre correspondant dont s'est augmentée la pension qu'on lui servira à partir de 55 ans. Ce chiffre est calculé d'après un barème établi en tenant compte : 1° de la mortalité ; 2° de l'intérêt fourni par le capital géré par la Caisse des dépôts. Le taux de cet intérêt est fixé chaque année par cette dernière. Mais on remarquera que le fait d'inscrire en regard de chaque somme versée le montant de la pension viagère à servir correspondante constitue un engagement de maintenir pour le capital déjà versé l'intérêt à un taux fixe jusqu'au moment de l'extinction de la rente viagère. Un tel engagement n'est-il pas bien téméraire, et n'est-il pas permis de penser qu'il y a de bien grandes probabilités pour qu'il ne soit pas tenu, de telle sorte qu'après avoir promis 360 francs de pension, par exemple, la Caisse ne pourra en donner que 300 ou peut-être moins. Je sais bien qu'on peut toujours dire que l'État, cette vache à lait universelle, paiera la différence. Mais alors où est la sécurité ?

Et cette opinion n'est pas fondée sur une simple hypothèse, mais sur un fait d'expérience. La baisse du taux de l'intérêt est un phénomène qui se manifeste à chacun de nous avec une évidence frappante : après avoir été de 5 % pour les meilleures valeurs, il est tombé à 4, puis à 3, puis à 2 3/4 et même 2 1/2, et il est à présumer qu'il ne s'arrêtera pas là.

Ensuite — et je ne fais qu'indiquer ce point de vue, — n'a-t-on pas vu plus d'une fois, dans le passé, l'État français réduire arbitrairement sa dette quand il en trouvait la charge trop lourde ; nous connaissons encore de nom le tiers consolidé. — Et, dans un pays qui, en pleine paix, augmente tous les ans de 300 à 400 millions une dette déjà bien supérieure à celle d'aucune autre nation, qui est exposé à subir une grande guerre dont le coût ne serait pas moindre de 10 à 15 milliards, est-il imprudent de penser et de dire qu'il arrivera peut-être un moment où, la charge étant trop pesante, la France sera obligée de recommencer son histoire et de rejeter une partie du fardeau? Que deviendront alors et le capital des pensions et les pensions elles-mêmes?

On peut donc, sans être taxé d'exagération, élever des doutes sur la sécurité que présente dans l'avenir l'exécution des engagements que l'Etat assume aujourd'hui — et dire qu'elle n'est pas plus grande, que même elle est plus faible que celle que présente le système de la répartition annuelle appliqué à l'ensemble de l'industrie. — C'est ce qui me reste à démontrer.

Le défaut principal du système de la constitution des pensions de retraite par l'accumulation des capitaux et de leurs intérêts réside d'une part dans les risques que court le capital aux époques troublées où nous vivons, et dans l'instabilité du taux de l'intérêt.

Mais si l'existence, ou plutôt la permanence du capital, n'est point assurée, si d'autre part son revenu est destiné à varier et probablement à décroître, il y a en revanche quelque chose que l'on peut considérer comme fixe, comme certain, c'est l'obligation pour l'homme de travailler et de produire pour vivre. Elle date de l'origine de l'humanité et elle subsistera toujours, quelles que soient les formes variables des sociétés humaines et les lois périssables qu'elles édictent. C'est donc s'appuyer sur une base solide et permanente que d'assurer le paiement des retraites par un prélèvement annuel sur les produits du travail, comme cela avait lieu dans toutes nos anciennes organisations, avant la loi du 29 juin.

Seulement, pour que la permanence soit assurée, il faut deux conditions : 1° que le prélèvement et la répartition se fassent non pas séparément, comme autrefois, sur chaque exploitation, mais sur l'ensemble de l'industrie minière ; 2° que cette industrie ait devant elle un avenir suffisamment long pour dépasser nos prévisions.

Il est clair que la première condition empêche le renouvellement d'un cas analogue à celui de la faillite de Terrenoire, La Voulte et Bessèges.

En ce qui concerne la seconde condition, on peut dire qu'elle est remplie par les houillères françaises, considérées dans leur ensemble. Certains charbonnages seront épuisés dans un petit nombre d'années, principalement dans le Centre et le Midi. Mais le riche bassin du Pas-de-Calais est à peine entamé, ceux du Nord, de Saône-et-Loire et de la Loire renferment encore des richesses considérables ; de temps en temps on fait de nouvelles découvertes et celles-ci sont loin d'avoir dit leur dernier mot. J'estime donc que l'on peut compter sur le maintien d'une production annuelle de 25 à 30 millions de tonnes, pendant au moins une centaine d'années, peut-être même deux cents ans. C'est une période de temps qui dépasse de beaucoup celle pour laquelle on peut raisonnablement établir des prévisions et qu'on peut considérer comme indéfinie, pour le point de vue spécial qui nous occupe.

Quant aux autres mines, il est impossible de formuler une opinion sur leur durée. Elles sont en France très peu importantes par rapport aux charbonnages. Voici d'ailleurs les chiffres extraits de la statistique officielle du ministère des travaux publics pour l'année 1893 en France et en Algérie :

	Charbonnages	Autres mines	Totaux
Nombre d'ouvriers tant à l'extérieur qu'à l'intér.	132.644	15.801	148.445
Nombre de journées de travail..............	36.689.000	4.097.000	40.786.000
Montant total des salaires	152.077.000	14.478.000	166.555.000
Salaire moyen par an..	1.146	916	1.122
— par jour..	4,15	3,58	4,08

D'après la loi du 29 juin, 4% des salaires doivent être versés à la Caisse des retraites. Celle-ci va donc recevoir annuellement une somme de 166.555.000 × 0,04 ou 6.662.000 francs, et chaque ouvrier versera en moyenne par an :

$$1.122 \times 0,04 \text{ ou } 44,88. \text{ Mettons 45 francs.}$$

Si le taux de l'intérêt reste ce qu'il est aujourd'hui, le barême de la Caisse nationale des retraites montre qu'un versement de 45 francs par an, commencé par l'ouvrier à 15 ans et poursuivi jusqu'à 55 ans sans autre interruption que celle des trois années de service militaire, donnera droit à 55 ans à une pension annuelle et viagère

$$de \ 45 \times 8,269 \text{ ou } 372 \text{ francs,}$$

dont 129 francs environ reversibles sur la tête de la femme après décès du mari.

Tel sera le résultat moyen que donnera la loi actuelle, si le taux de l'intérêt et les règlements nouvellement édictés restent pendant 40 ans ce qu'ils sont aujourd'hui.

Voyons maintenant ce que donnerait la répartition annuelle des 6.662.000 francs provenant des retenues ou allocations annuelles. D'après les résultats d'expérience recueillis aux mines d'Anzin et se rapportant à une population de 11.500 mineurs ou ouvriers de l'extérieur assimilés, le nombre des pensionnés, ménages, célibataires, veufs ou veuves, s'élève à 1363, soit 12 % du nombre des ouvriers en activité.

En admettant cette même proportion pour les 148.445 mineurs de de France, on voit que le nombre des individus à pensionner devrait être de 148.445 × 0,12 ou de 17.800. Si l'on partageait les 6.662.000 francs provenant de la retenue entre ces 17.800 personnes, chacune d'elles toucherait dès aujourd'hui : $\dfrac{6.662.000}{17.800}$ ou 374 francs, c'est-à-dire exactement le même chiffre que celui qui ne sera obtenu que dans quarante ans d'ici avec toutes les chances de mécompte que j'ai indiquées plus haut.

Il eût donc été beaucoup plus simple, puisque l'on tenait absolument à légiférer sur la question, de libeller ainsi la loi nouvelle.

Tout ouvrier mineur ou assimilé, arrivé à l'âge de 55 ans, aura droit à une pension calculée à raison de dix francs par année de travail. Le tiers de cette pension sera reversible sur la tête de la veuve.

Le fonds destiné à faire face à ces pensions sera alimenté par une retenue de 2 % sur les salaires de tous les mineurs français et par une subvention égale des exploitants.

Ce système, incomparablement plus simple que celui auquel s'est arrêté le Parlement, présentait les avantages suivants :

1° Il eût été applicable avec son plein effet immédiatement et il n'y aurait pas eu entre l'ancien état de choses et le nouveau une période transitoire qui est des plus difficiles à franchir ;

2° La liquidation des anciennes caisses ou institutions de retraites était faite *ipso facto* sans difficultés et sans secousses ;

3° L'ouvrier aurait conservé tous ses droits à la pension, en passant d'une exploitation à une autre, ou même en renonçant à un moment quelconque à l'exercice de sa profession ;

4° La sécurité du paiement des pensions était assurée par la continuité même de l'ensemble de l'industrie minière, pendant une période de temps qu'on peut considérer comme indéfinie.

5° Le système eût pu être complété par la constitution d'une faible réserve destinée à parer aux éventualités imprévues. Il eût déchargé l'Etat des lourdes responsabilités résultant de la loi nouvelle, et ne lui aurait imposé d'autre tâche que de percevoir les cotisations et de les répartir entre les intéressés.

M. Pierre Plichon demande si on a fait des calculs permettant d'apprécier quelle sera la charge de la nouvelle loi pour les compagnies minières. La question est importante, surtout pour le Nord, à cause de la concurrence très active des houilles anglaises, belges et allemandes.

M. Gruner. — La charge pour les retraites sera de 4 0/0 du salaire, pour les maladies de 3 0/0. La liquidation des anciennes caisses produira des charges très variables, selon les promesses faites, mais qu'on peut évaluer de 2 à 4 0/0 : soit en tout 9 à 11 0/0 du salaire. On avait en général auparavant une charge de 4 à 5 0/0. C'est donc une augmen-

tation de charges qui correspond à 6 ou 7 0/0 environ du salaire, soit
en moyenne 40 à 45 centimes par tonne extraite. Mais cette surcharge
ne sera pas la seule. La loi d'assurance contre les accidents, qui est en
préparation, opérera de même façon à moins que le législateur ne com-
prenne au dernier moment le danger de ces charges exagérées : elle
capitalisera les versements en vue de l'avenir et liquidera les engagements du passé : de ce chef, la charge de liquidation peut être évaluée
entre 1 1/2 et 2 0/0, et la charge nouvelle entre 4 et 4 1/2, en tout 6 0/0,
qui, ajoutés aux chiffres précédents, donnent 14 à 16 0/0 du salaire, soit
au moins 1 franc par tonne.

M. Albert Gigot, avant de lever la séance veut ajouter un mot sur cette
importante discussion. Un des orateurs a dit que la nouvelle loi mar-
quait la fin des institutions patronales : cette parole est vraie, c'est là
le résultat le plus net du socialisme d'Etat qui nous envahit, après l'Al-
lemagne, et qui finit par remplacer les liens amicaux entre patrons et
ouvriers par une sorte d'union libre qui n'est autre chose que l'instabilité organisée. En ce qui nous concerne, nous devons ici nous montrer
plus que jamais partisans des institutions patronales, et faire tous
nos efforts pour qu'elles deviennent plus vivaces que jamais.

Si elles le veulent bien, nos grandes sociétés feront mieux que l'Etat :
qu'elles ne se découragent donc pas et se signalent au contraire par de
nouveaux bienfaits. C'est l'exemple que donne en ce moment même le
Comité des Forges de France, par la décision qu'il vient de prendre
d'assurer aux ouvriers de toutes les usines adhérentes les mêmes avantages que ceux accordés par la loi nouvelle aux ouvriers mineurs. De
tels exemples et d'autres qu'on pourrait citer montrent que les efforts
libres de l'initiative privée devancent le plus souvent les contraintes légales. L'expérience de la loi nouvelle permettra de comparer les résultats des deux méthodes.

La séance est levée vers 11 heures.

ÉCOLE DE LA PAIX SOCIALE

1re Section. **Œuvres de Le Play**, éditées à Tours par MM. A. MAME et fils

Les Ouvriers européens. 6 vol. in-8° (vendus séparément)........... 39 fr.
La Réforme sociale en France. 3 vol. in-18........................ 5 fr.
L'organisation du travail. 5e édition. 1 vol. in-18................. 2 fr.
L'organisation de la famille. 1 vol. in-18........................ 2 fr.
La Paix sociale après les désastres de 1871. 1 brochure in-18........ 0 fr. 60
La Correspondance sociale. 9 brochures in-18..................... 2 fr.
La Constitution de l'Angleterre. 2 vol. in-18.................... 4 fr.
La Réforme en Europe et le salut en France. 1 vol in-18.......... 1 fr. 50
La Constitution essentielle de l'humanité. 1 vol. in-18.......... 2 fr.
La Question sociale au xixe siècle. 1 brochure in-18............ 0 fr. 30
L'École de la paix sociale. 1 brochure in-18.................... 0 fr. 20

    iie Section. **Publications de la Société d'Économie sociale**
Les ouvriers des deux mondes. 1re série, 5 vol. in-18..... 65 fr.
    2e série; ch. tome 15 fr., t .III, en cours; chaque monographie. 2 fr.
Instruction sur la méthode des monographies. Nouv. édit. 1 vol. in-8°.. 2 fr.
Bulletin des séances de la Société d'Economie sociale. 1re série 9 vol. in-8° 68 fr.
La Réforme sociale 1re série (1881-1885), 10 vol. in 8°............. 70 fr.
    2e série (1886-1890), ch. vol. 5 fr. — 3e série, chaq. vol....... 6 fr. 50
Annuaires des Unions et de l'Economie sociale, 5 vol............... 15 fr.
Exp. de 1867. Rapport sur les ateliers qui conservent la paix sociale. in-8°. 1 fr.
La Réforme sociale et le centenaire de la Révolution. Travaux du Congrès
   de 1889, avec une lettre-préface de M. Taine, et une introduction sur
  les principes de 1789, l'ancien régime et la Révolution. In-8° (*en petit*
    nombre)... 10 fr.
Les Unions de la paix sociale leur programme d'action et leur méthode
d'enquête, par A. Delaire. secrétaire général des Unions. 4e édit. br. in-32 0 fr. 15

BIBLIOTHÈQUE ANNEXÉE

F. Le Play. Choix de ses œuvres avec une biographie par M. Auburtin
  et un portrait 1 vol. in-16, cart. LXXIV - 251 pages.............. 1 fr. 75
Ch. de Ribbe. Les Familles et la Société en France avant la Révolution
  d'après des documents originaux : 4e édition, 2 vol. in-12. 4 fr. — La
  Vie domestique, ses modèles et ses règles. 2 vol. in-12. 6 fr. — Une
  famille au xvie siècle. 1 vol. in 12. 2 fr. — Le Livre de Famille. 1 vol.
  in-12. 2 fr. — Le Play d'après sa correspondance. 1 vol. in-18. Pour les
  membres, 1 fr. 60; pour le public........................... 3 fr. 50
Claudio Jannet. Les Etats-Unis contemporains, avec une lettre de M. F.
  Le Play: 4e édit., 2 vol. in-12. 8 fr. — Le Code civil et les réformes
  indispensables à la liberté des familles. 1 br. in-18. 0 fr. 30. — Le socialisme d'Etat et la réforme sociale, 2e édit. 1 vol. in-8°, 7 fr. 50. —
  Le Capital, la Finance et la Spéculation,...................... 8 fr.
Jules Michel. Leçons élémentaires d'économie politique et sociale, 1 vol.
  in-12.. 1 fr. 05
Comte de Butenval. Les lois de successions appréciées dans leurs effets
  économiques par les Chambres de commerce de France. 4e édit. 1 vol.
  in-18.. 0 fr. 60
Ferrand. Les Institutions administratives en France et à l'étranger. 1 v.
  6 fr. — Les Pays libres (ouvrage couronné par l'Institut). 1 vol. in-18. 3 fr. 50
Léon Lefébure. Le Devoir social. 1 vol in-12................... 3 fr.
G. Picot, de l'Institut. Un Devoir social et les logements ouvriers, 1 vol.
  in-18.. 1 fr.
Comte de Bousies. Les lois successorales dans la société contempo-
  raine. 1 vol. in-8°, 2 fr. 50. — Le Collectivisme et ses conséquences.. 2 fr. 50
P. du Maroussem. La Question ouvrière: 3 vol. in-8° avec trois préfaces
  de M. Funck-Brentano. — I. Les Charpentiers de Paris; II. Ebénistes
  du faubourg Saint-Antoine ; III. Le jouet parisien. — Ch. vol. ...... 6 fr.
A. Coste. Alcoolisme et Epargne, 2e édition, in-32................. 0 fr. 50